LACROSSE ACTIVITY BOOK
FOR
BOYS & GIRLS 9 – 12

Word Search & Word Scrambles
Hidden Pictures, Mazes
Cryptograms And More

Thank you for choosing our book and we hope that you and the child for which it is intended both enjoy it.

If you like our book we would very much appreciate a review on Amazon. Copper Penny Puzzles is a small independently owned company and we depend on reviews and feedback from our customers.

©2023CopperPennyPuzzles™. All rights reserved. No part of this book may be reproduced, stored in a retrieval system, or transmitted in any form or by any means, mechanical or electronic, including photocopying, recording and scanning, without permission in writing from the publisher. Unauthorized reproduction of any part of this publication is an infringement of copyright.

The designs, activities and information included in this book are for general purposes only. We try to keep the contents as accurate and up-to-date as possible, but there are no representations or warranties, express or implied, about the completeness, accuracy, suitability or availability of the information, graphics, and content contained within this book.

Inside this LACROSSE ACTIVITY BOOK:

- Word Searches
- Hidden Object Puzzles
- Spot The Difference
- Mazes
- Word Scrambles
- Would You Rather
- Crossword Puzzle
- Palindromes
- Spot the Difference
- Cryptograms
- Wordoku
→ And Much More!

How To Solve The Puzzles

Crossword puzzles: Each row and column has a clue. Write the answer in the correct row or column.

Cryptograms: These are codes where each letter of a phrase is substituted with a different letter. Solve the puzzle by figuring out what letter belongs in each spot on the alphabet table.

Hidden Picture Puzzles: The objects surrounding the picture are hidden in the picture. Find them!

Spot the Difference: Compare the two images to find all the differences and circle them.

Sudoku: Each row, column, and square must be filled with the numbers 1-9, one time each. Don't repeat any numbers.

Wordoku: Each row, column and square must be filled with the letters of the given six letter word. No repeating!

Word Scramble: Rearrange the letters to form a lacrosse word.

Word Search: Find words from the list by searching up-and-down, left-to-right and on the diagonal. Then circle them!

Plus <u>Mazes</u>, <u>Would You Rather</u> and more!

WHO IS ON THE FIELD (BOYS AND GIRLS)

```
X T Y V I B H Z N O Y V S L W Z H I
W I X Y Y W T C G Q D H V Z K D E K
R M F Y X D B A A E W F E S W Y Q E
E E N U O X T A F O U W I M Q L O G
D K X X S Y D E N F C C N I C O E D
L E B V P X N H I X T T E R S R F Z
E E Q H D S G R X Z Z J C D W W A U
I P X G E O S I G U E E R E F E R P
F E O W R T M H Z L K S M D R L J J
D R B F H I S H V C R A Q E D A U L
I U X O T N L Y I E Z M T Z T D E H
M A M P T M U K R Y R N F T J F L O
A E H N A R R P V F E F A X B S S F
S P F A S E O I D C O C Y U U L W T
F T N V D I X N L G K V R R T Y W C
N L J B N Y F T O Y W E A D I B K U
F V J T V Z P W Z J L B O H Z P C V
R E P E E K L A O G U T W J R C W A
```

ATTACK
MIDFIELDER
GOALKEEPER
FOGO
COACH
TIMEKEEPER

DEFENSE
FIRST HOME
LSM
REFEREE
CENTER
POINT

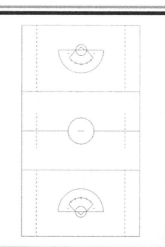

Girls Love Lax

Keep It Moving

- HRWTO ☐☐☐☐☐
- LEARC ☐☐☐☐☐
- AERK ☐☐☐☐
- TSHOO ☐☐☐☐☐
- PSSEOSIOSN ☐☐☐☐☐☐☐☐☐☐
- CLDRAE ☐☐☐☐☐☐
- POSOC ☐☐☐☐☐
- EEWAV ☐☐☐☐☐
- DEGOD ☐☐☐☐☐
- PDSEE ☐☐☐☐☐
- SRECEN ☐☐☐☐☐☐
- ACPLM ☐☐☐☐☐

Solution on page 98

Page 7

CRYPTOGRAMS

Puzzle #1

A	B	C	D	E	F	G	H	I	J	K	L	M	N	O	P	Q	R	S	T	U	V	W	X	Y	Z

_A_ _ _   _ _ _   _A_ _ _   _ _ _
B T T   J S E   B T T   E H W

_ _ _ _
E P I W

Puzzle #2

A	B	C	D	E	F	G	H	I	J	K	L	M	N	O	P	Q	R	S	T	U	V	W	X	Y	Z

_ _L_ _   _ _ _L_ _ _   _ _L_ _
D Q Q Z   F S Q F Z S   F Z A G

_ _L_ _ _ _ _ _
Z A D P Q C C S

Work Together

TAWRMEOK ⬚⬚⬚⬚⬚⬚⬚⬚

MGEA ⬚⬚⬚⬚

ILKLS ⬚⬚⬚⬚⬚

FCIERE ⬚⬚⬚⬚⬚⬚

BLTATE ⬚⬚⬚⬚⬚⬚

ORPWE ⬚⬚⬚⬚⬚

PYREALS ⬚⬚⬚⬚⬚⬚⬚

SMASSRIHONPTP ⬚⬚⬚⬚⬚⬚⬚⬚⬚⬚⬚⬚⬚

RCEESPT ⬚⬚⬚⬚⬚⬚⬚

DLLRIS ⬚⬚⬚⬚⬚⬚

OIISOOPTPN ⬚⬚⬚⬚⬚⬚⬚⬚⬚⬚

ECHAS ⬚⬚⬚⬚⬚

Solution on page 98

Page 9

Glove

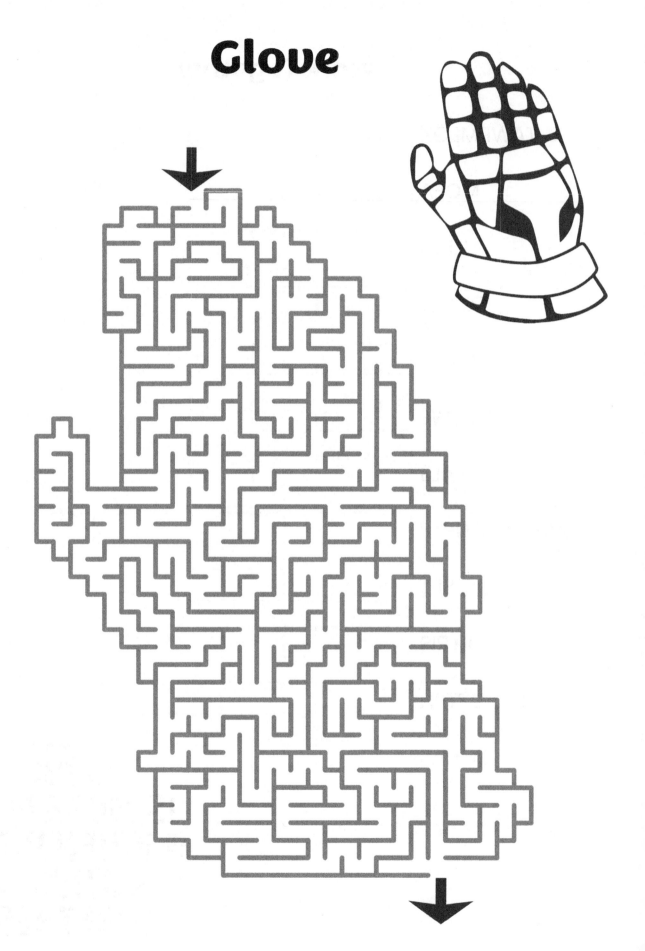

WHAT'S ON THE FIELD

```
O E G E N I L G N I N I A R T S E R
B A T T A C K A R E A Y J P O I I Q
A M R O B S V P G C R M W B L P I R
E A L E X K T R M O O B Q A E T B O
R Z I D S E B C D E A K J L V A G Z
A A R G Z T N L S I P L G T W C E C
E J Q K K D R I L M W E A M S N R E
V I C G O U N A L A R M X R T A E N
I Q R F S D P U I D X Y O W E P U T
S V E G D U D W O N L S X R G A Y E
N O A T U R B U B B I E A Z H P Y R
E X S R B E D E P T N N I W O R L C
F N E A O S N P E H E I G F A C T I
E Q P K I D H W X P K L E B D L O R
D L J R L H S R I S Z E W J O I V C
P L Y I Z J U S J A M D W H F X M L
C U N O P L Y C I Y S I T M M Q X E
S E L T B J C E A U A S M O G M U Q
```

GOAL AREA
CENTER CIRCLE
CREASE
DEFENSIVE AREA
END LINE
INBOUND

SIDELINES
RESTRAINING LINE
ATTACK AREA
GLE
RESTRAINING BOX
MIDFIELD LINE

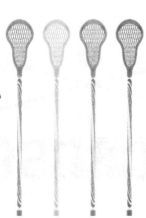

CRYPTOGRAMS

Puzzle #3

A	B	C	D	E	F	G	H	I	J	K	L	M	N	O	P	Q	R	S	T	U	V	W	X	Y	Z

```
__      _A____       __
T G     R J S B N R   F N

_A_____        _A_____
L Q J U T P V  Q J A R D E E N
```

Puzzle #4

A	B	C	D	E	F	G	H	I	J	K	L	M	N	O	P	Q	R	S	T	U	V	W	X	Y	Z

```
____        _____
L I A M     Z P U G C
```

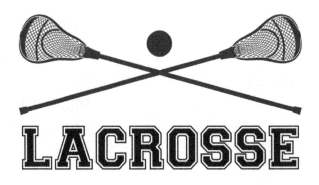

Page 12 — Solution on page 100

What You Need (Boys and Girls)

COSRSE

CETLAS

MGHORUUTAD

GOVELS

DPSA

JESERY

HMELET

HBENADAD

SRNTIG

PTCOROTER

TEARW

HMES

CRYPTOGRAMS

Puzzle #5

A	B	C	D	E	F	G	H	I	J	K	L	M	N	O	P	Q	R	S	T	U	V	W	X	Y	Z

```
_ _ _ _ _ _ E _      _ _   _
G V P A Q R R I      W R   V

_ _ _ _ E _ _        _ _        _ _ _ _ E _ _
N W H F B A I        Q O        R F A I X L F S

_ _ _        _ _ _ _ _ _
V X M        R E W G G R
```

Puzzle #6

A	B	C	D	E	F	G	H	I	J	K	L	M	N	O	P	Q	R	S	T	U	V	W	X	Y	Z

```
_ _ _ _ _ _ _ _       _ _       _ _
R E F S Z H H U       K H       O W

_ _ P _ _ _ P _ _
H A I U S I Z X U S
```

On The Move

Solution on page 91

Page 15

Late practice. Another diner dinner!
Find the objects hidden in the picture

Where are the hidden snacks?
Find the objects on the outside that are hidden in the picture

ON THE ATTACK

```
S Y D T C E W R J Z O K X S E R O R
I K N X N C L Y W F K J S E K F G T
W W Z B R Q I S L A I P K N I J Z N
I P B K X A F T R K U W C C A M W R
F B A A Y L C N I E C K I R B Q H O
M E P M H Y C F U R L V T O A Q A T
U G Y N K Y D R J D A F S S V M R O
D E O K N N S U A O A Z K S B C S H
V N U R E H T N O D H O C H H I S S
R Z O M R D O A B G L D I A L V A R
B P Y L W H N O E E K E U N V K P O
J C C J P G I A X S C W Q D N K Y T
L A S D F F S H H O N H K Z I O D A
L V S S A P A M D R R E V M M B D V
X V L S V O O I N E E G F F F V U E
N U A E Z E B V X G E D W F P N B L
X P P G F L K X O O T F N X O B A E
G M C O F W L Z W D N J M U V Z X Z
```

CRADLE
UNDERHAND
FAKE
DODGE
ELEVATOR SHOT
FEED

ON THE RUN
CROSS HAND
QUICK STICK
PASS
BUDDY PASS
OFFENSE

Goalie

Solution on page 91   Page 19

If you could write books about lacrosse what would some of the titles be?

- My Goal: Deny Yours
- Defense Saves The Day
- Rock My Cradle
- Big Cheese
- Top Cheddar
- Ace or Deuce?

On The Field

PFYLAOF

TRAUMNONET

JEOARBME

SDIUTAM

URFT

HTSO OCKCL

RSSAG

WLSTHIE

AGEC

QERTUAR

PAETNLY

CCONTAT

CRYPTOGRAMS

Puzzle #7

A	B	C	D	E	F	G	H	I	J	K	L	M	N	O	P	Q	R	S	T	U	V	W	X	Y	Z

_ _ _ _ _ _ _ _   _ _   _ _ _
K Q O V R D D P   T D   A F P

F _ _ _ _ _ _   _ _ _ _   _ _   _ _ _
S Q D A P D A   N Q X P   R J   A G R

F _ _ _ _
S P P A

Puzzle #8

A	B	C	D	E	F	G	H	I	J	K	L	M	N	O	P	Q	R	S	T	U	V	W	X	Y	Z

_ _ X   _ _   _ _ _   _ _ X
E S U   D M   D R K   P S U

DEFENSE

```
Q K G N T S O B O D Y C H E C K X C
J S Q R M L F T H R S J U O R Z I P
N H M Q Y A G K E A L A O K I H X G
W W F U Z C L D L V L A A E N O Y Q
B G K O J L N C O F I H H G N O N M
K E Z K K E S Z P A K G N L T K E Z
V U J H F A L T G S S V L X F C E C
S T O E O R I W N T K A G V M K Z O
D N D L M R D R O B C H V T T U O S
I G W L A G E T L R I S U R X M N B
Q J Y A N P K W A E T M A N D O W N
B V O B T U Q B F A S M D K G E X C
I J M D O X R O N K F T B R L N O Y
P N I N M F N O G J D J S R Q B G E
N W M U A K V V E J M Y H M O W K R
U K B O N J P R A E N O Z Y D D M X
K L M R O K C E H C K C I T S I S B
B K Q G T X M D V Z O E H O D Z K V
```

ZONE
SLIDE
FAST BREAK
BODY CHECK
STICK SKILLS
LONG POLE

MAN DOWN
CLEAR
STICK CHECK
MAN TO MAN
GROUND BALL
DEFENDER

Game Time

OTOUORDS ☐☐☐☐☐☐☐☐

PYIASHCL ☐☐☐☐☐☐☐☐

DAIMNNDEG ☐☐☐☐☐☐☐☐☐

HTAMIFLE ☐☐☐☐☐☐☐☐

RAELOIUTGN ☐☐☐☐☐☐☐☐☐☐

OIVTEMRE ☐☐☐☐☐☐☐☐

LEUSR ☐☐☐☐☐

TMEIPEKEER ☐☐☐☐☐☐☐☐☐☐

RFEEERE ☐☐☐☐☐☐☐

PITONS ☐☐☐☐☐☐

RESCO ☐☐☐☐☐

OTPSR ☐☐☐☐

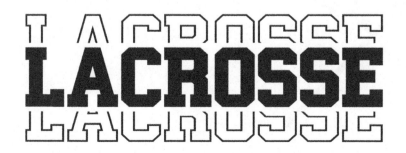

Helmet

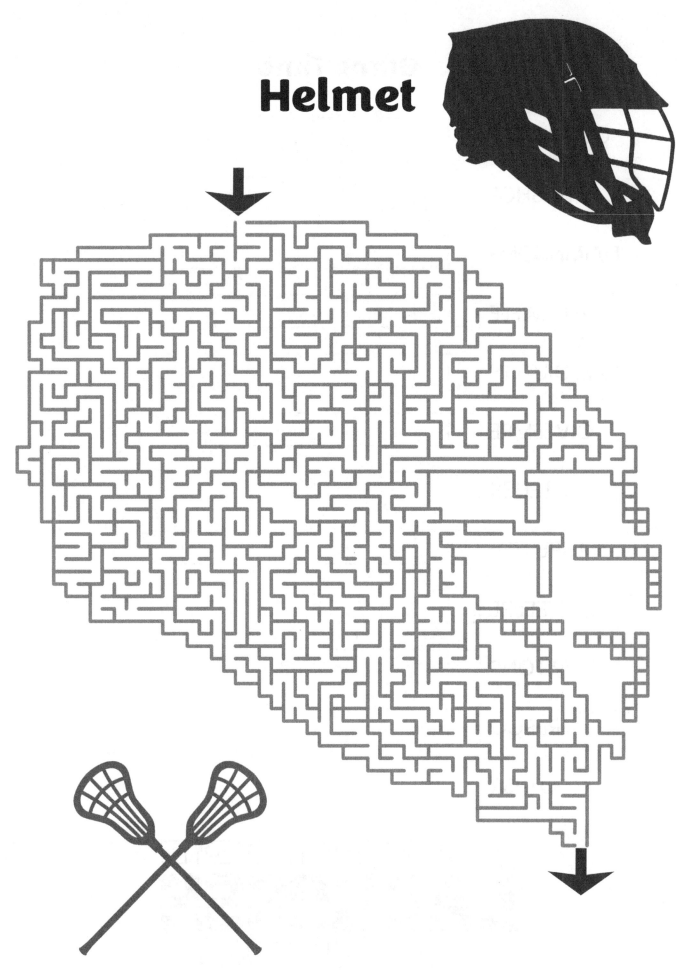

Lacrosse Wordoku 1
Medium Difficulty

T	H	M		L	
E		L	T	M	
L					M
			L	T	
M		T		H	L
H	L	E	M	E	

Word Used in Puzzle: HELMET

Would You Rather???

Would you rather score the game-winning goal in the tournament finals or make a game-saving goal in an earlier game?

Would you rather play in burning hot sunshine or in sleeting rain?

Would you rather play in a Championship game or an Olympic gold medal match?

Would you rather be the first one or the last one off the field when the game is over?

Advance

VCORTIY

ESCOR

AGLSO

LUGEAE

CEGOALTILE

PIFEOAONRSSL

OCMLYPIS

WNNNIIG

IONTAANRTNEIL

OHYUT

SOOHCL

ADWR

Lacrosse Wordoku 2
Medium Difficulty

C				R	
		E		S	
E	S	C	S		
O			C	E	
S	E	R	O	C	S
S			R	S	

Word Used in Puzzle: CROSSE

GAME ESSENTIALS (BOYS AND GIRLS)

```
K N X P P T G O P D W D M Z O J P X
Z L P E S D A P R E D L U O H S P A
Q L O M L I I I Y H E Y P C H N P H
N A S K E B I D C E C C I E S L N K
O B D H U S O L B S S W D S V R F S
O D P S S W H W M H I R Z S W U E J
H E Q T X T E T P S I F E T E V Q T
W C Y A B J L W T A M N Q J O A L Y
U R W E L E M P A D D P N L U N N T
E M Y L G I E I H N J S G X T B A O
R C V C V O T K V E L D E N K J X N
L V U Y A I G B J K A X V D C K B X
L N B L Q I N G W F P D N K I V D G
I F L O Y V O Z L E X N B N T X N T
U E A C H B U E K E B E N A S S M Q
H U C Q I S V L L J S K Y I N I O G
Y P U M E L T T O B R E T A W D G D
F Z R T D R A U G H T U O M Z I C L
```

CLEATS
HELMET
GLOVES
SHOULDER PADS
EYE GOGGLES
HEADBAND

STICK
WATER BOTTLE
ELBOW PADS
JERSEY
BALL
MOUTHGUARD

Lacrosse Wordoku 3
Hard

C	E	A		L	S
S		L	A		
	C	S			
		E		S	T
		T			A
		C	E		

Word Used in Puzzle: CLEATS

My Path To The Goal Maze

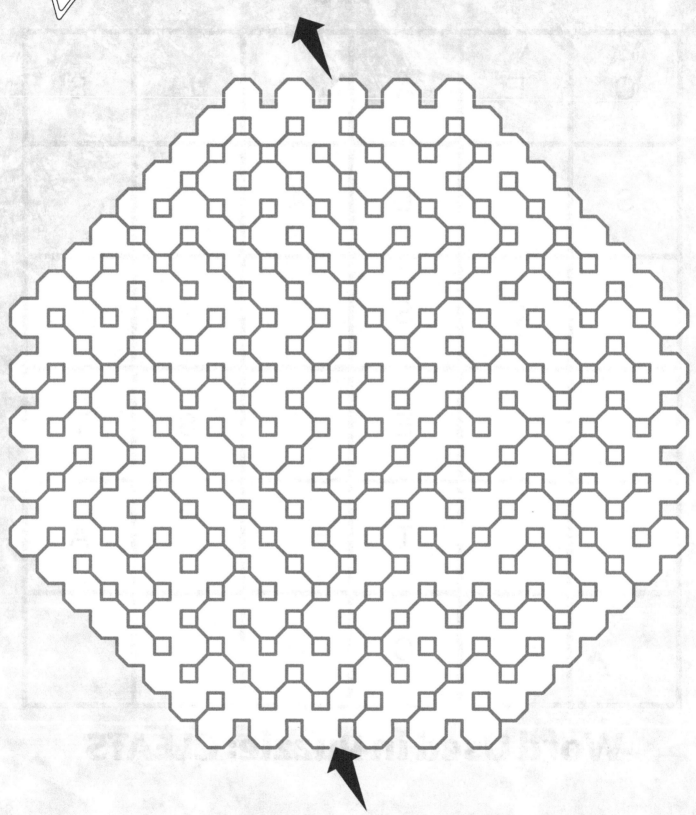

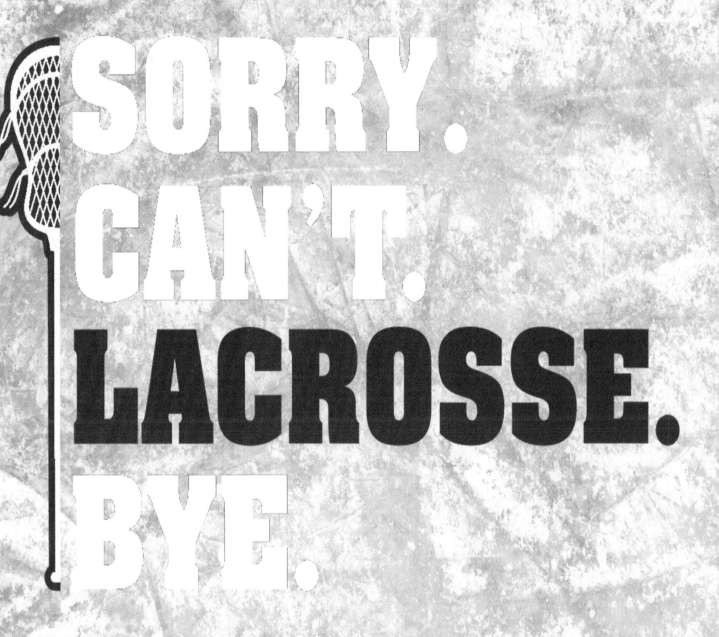

What Players Need

ENCANRDUE ☐☐☐☐☐☐☐☐☐

PITCTREOON ☐☐☐☐☐☐☐☐☐☐

AMET ☐☐☐☐

SRNGTTEH ☐☐☐☐☐☐☐☐

AITGILY ☐☐☐☐☐☐☐

CONTROIDIAON ☐☐☐☐☐☐☐☐☐☐☐☐

RNIUNNG ☐☐☐☐☐☐☐

TMAATEEMS ☐☐☐☐☐☐☐☐☐

CHOAC ☐☐☐☐☐

EIPMNEUQT ☐☐☐☐☐☐☐☐☐

TNRNAIIG ☐☐☐☐☐☐☐☐

PIRCACTE ☐☐☐☐☐☐☐☐

Page 36 Solution on page 98

LACROSSE FUNDAMENTALS

```
W T J F S K T L C J K M P S P O D S
O P R W R I T J C X I Y A R Y F T O
V Q D P Z K V T M T H A I S I Y Q C
G V E C I N P D S J C D E L C N R E
V U B D R M T T E L E P A W N A M A
Q U Y I U R S Q W V I I A J D E G X
L D E E F I I Z N W C Y N L A H I E
T S C F S C X Q T D Z O E U B T U V
H V C S B O Q Y K K O P N T K N C P
F C A O C R F X Y A H D R A K E M F
R A L V O L E X H R D O G M J A P Q
H T U M P P Q G Y Q V Z X E L U D K
H C Y T Z S M V N X A L E C S G P V
M H O Q X H P L F U L J M V S Y M H
W D J W Y O O I E R L J E Z A O R B
L H T W L O T Z M P S P P U P E K R
G K B U E T I S C I O R W M A J O I
I X I V S L L U N D T B A P I A T W
```

CATCH
FEED
CRADLE
DODGE
ASSIST
CLAMP

SHOOT
PASS
SCOOP
RIDE
RAKE
PLUNGER

Man Up Maze

Lacrosse Wordoku 4
Hard

	S	E			
	R		S	E	Y
S			E		
			J		E
		R			S
E			R	J	

Word Used in Puzzle: JERSEY

I Need Ice Cream

Lacrosse Field Bingo
What can you find?

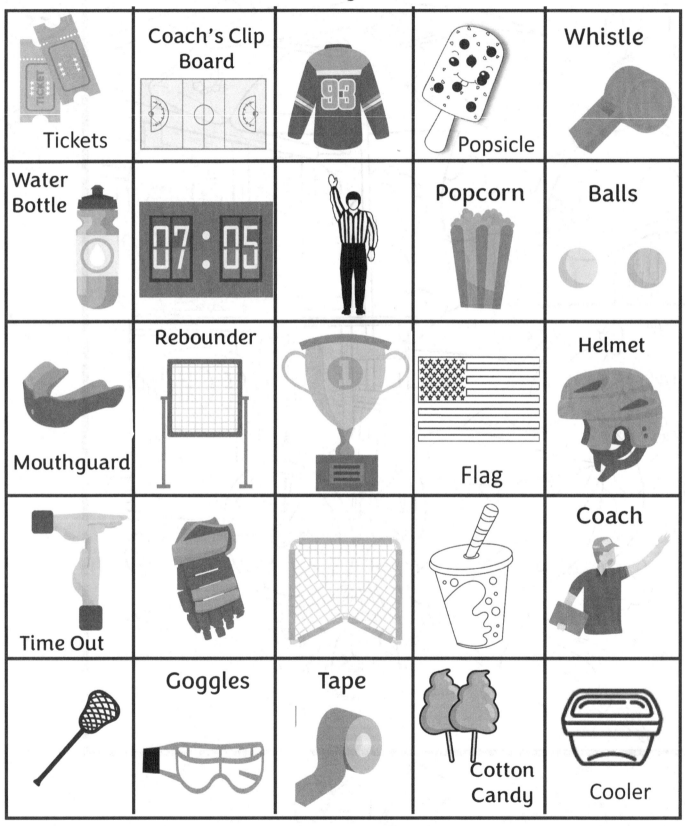

CRYPTOGRAMS

Puzzle #9

A	B	C	D	E	F	G	H	I	J	K	L	M	N	O	P	Q	R	S	T	U	V	W	X	Y	Z

__ __ __ __   __ __ K __   __ __ __ __
M W Y P   Y X M A   T H Y Q

__ __ __ K __ __
P Y H O A P

Puzzle #10

A	B	C	D	E	F	G	H	I	J	K	L	M	N	O	P	Q	R	S	T	U	V	W	X	Y	Z

__ __ __ __   H __ __ __   __ __   __ __
C H B G   M B I Q   Z I   D Z

H __ __ __ __
M Z K R

Lacrosse Wordoku 5
Hard

	C		R	A	E
		R		E	
C					
E			A	R	C
A	E				
			S	E	

Word Used in Puzzle: CREASE

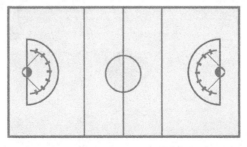

END OF SEASON

```
Y Z N X L I Y C I E L U D E H C S L
A Y S C Q O D G T K H S K R N Q R P
N C P G S P F H E Y D Z F V G K T D
S C L Z P Y A X K H H F C S N X Z N
G C Y N I L T R C R V O G M I N M L
N P N A W N P E A G H W E P K X I X
I I O H K K J C R L Y G R C N L L C
D H S Y F E P N B M J H S B A N C J
N S A J H H D E S D O Q C Z R X W C
A N E E H O E R F B X T O J L R R D
T O S G C X E E F E J A R O Y P T Y
S I R S Y V P F O Y G P E J O S O K
T P O C I O I N Y R V G S L A N I F
Z M L X Y M X O A O U G J V D R C X
H A U F N L E C L T Y X X J K Y B A
G H Y C E A D S P C P D X E V D D K
H C A P D L V M N I F R O F Y S R M
W H I H D K T W T V P C D G A E L S
```

PLAYOFFS
SEMIS
BRACKET
SCHEDULE
SEASON
CHAMPIONSHIP

FINALS
STANDINGS
RANKING
SCORE
CONFERENCE
VICTORY

Penalties

ASLHS — SLASH

USTMKNSAORLIPNE — SPOTKICKMANSUR...

OIFDEFSS — OFFSIDES

CNFLICOT — CONFLICT

OLFU — FOUL

SAINSHLG — SLASHING

TNPIIRPG — TRIPPING

RBALELSAEE — RELEASABLE

PANREOSL — PERSONAL

THANCECIL — TECHNICAL

HDNILOG — HOLDING

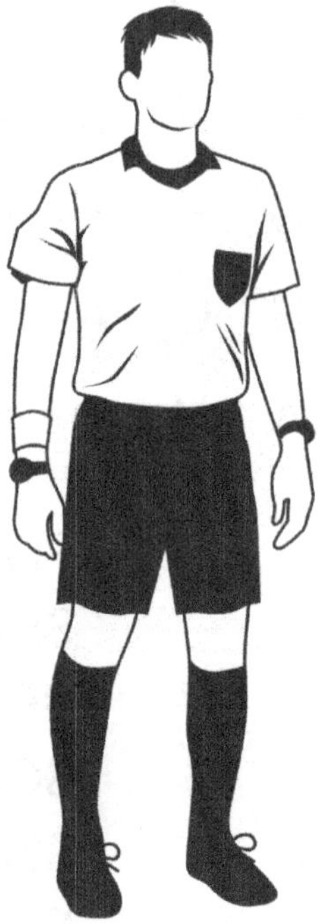

IGELALL — ILLEGAL

Can you sketch your ideas for a movie about lacrosse?

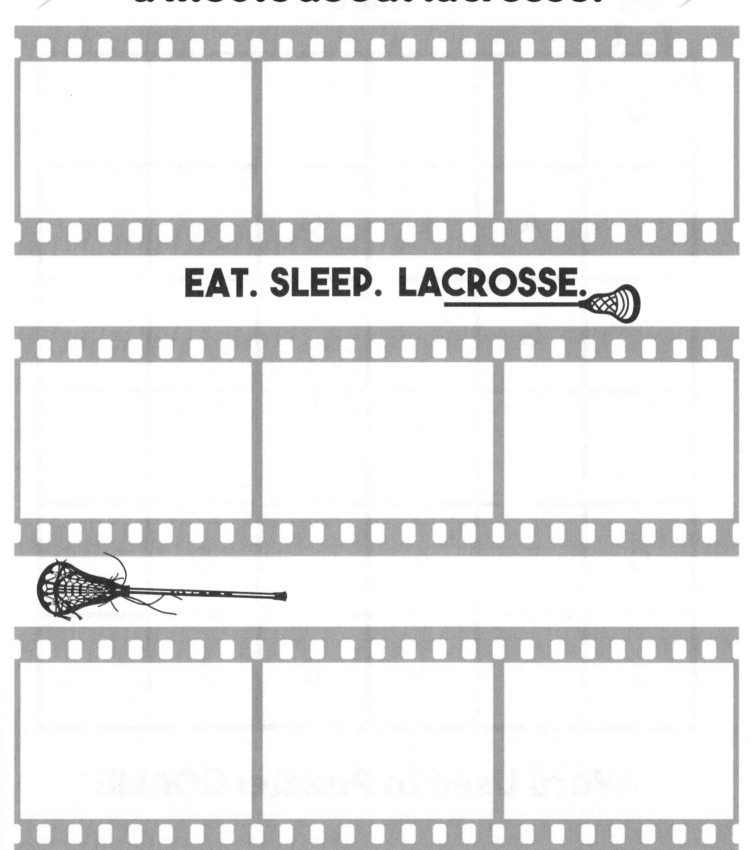

EAT. SLEEP. LACROSSE.

Lacrosse Wordoku 6
Hard

O					E
	A	L	G		
	G				
A					I
G	E	A		O	
	O	I	E	A	

Word Used in Puzzle: GOALIE

WHO WINS?

```
J N V I U Z I A X U D F L O Z W L V
E C Q N C G E A X M K E S M R R A Z
O T S W T Y M U T C L N X L S O I Y
E D G U G L A E S V A P U S E K T K
Q E L K L E G K S F X U I M M M N A
P T C S T A T S T W A O X E I P E L
W I B R S G K Q R Y X S C P S T R Q
Y M I P Y U P E Q T C N N J W R E U
F G T N A E N N B H A R N J E O F V
L U M S G N Y O A V S U H D W P F O
Q E V U I V U M D N B O L T U H I F
T I L W O Q P A U G V T G C C Y D Y
T I R M F I N A L S E J M N I S L M
B I G D O X F Y J A C K B G F L G V
L D J N L I H Z M G G S D J F T K A
W O S Z I U X X M X I O H N L C C I
O E W N V X B C W L R M S P I J P Z
F V J B Y G K L W M V C R U H Z L K
```

FANS
FINALS
WINNER
TROPHY
CHAMPIONS
TEAM

DIFFERENTIAL
GAME
SEMIS
STATS
ADVANCE
LEAGUE

Spot the 8 differences!

Lacrosse Wordoku 7
Difficult

					C
	C			E	U
S					
D	E	C			
	S		E		
C	D		U		

Word Used in Puzzle: DEUCES

Follow The Ball During Warm-Ups

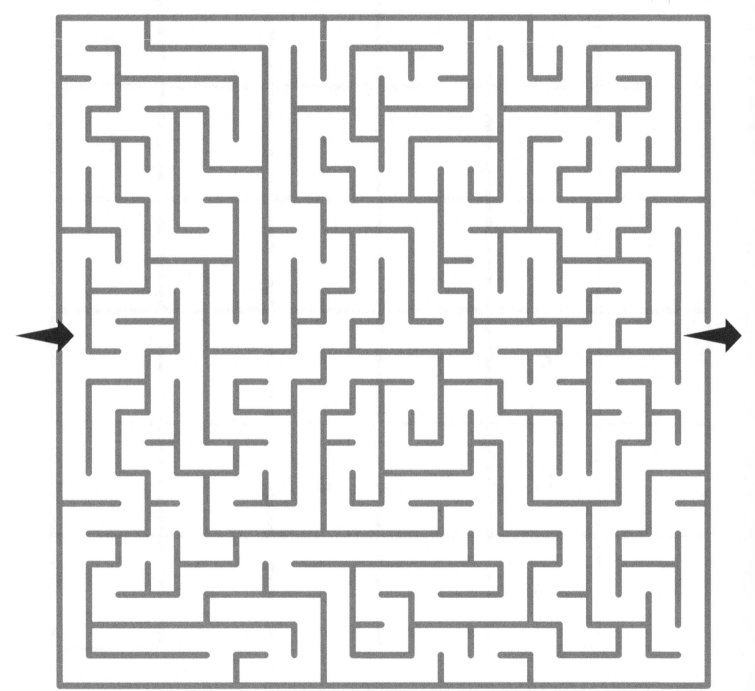

If you had a lacrosse superpower what would it be and how would you use it?

Connect The Dots

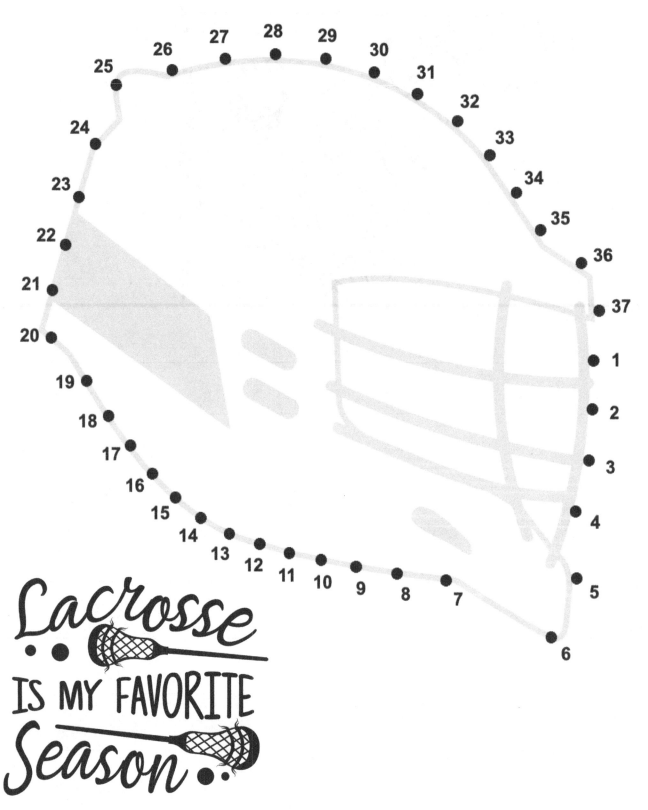

Page 54

Play Hard

LEUMBR ☐☐☐☐☐☐

DGLODISE ☐☐☐☐☐☐☐☐

OIEVFNFSE ☐☐☐☐☐☐☐☐☐

DFSIENVEE ☐☐☐☐☐☐☐☐☐

ARSEGVISGE ☐☐☐☐☐☐☐☐☐☐

ICKP ☐☐☐☐

ATACTK ☐☐☐☐☐☐

DESNFEE ☐☐☐☐☐☐☐

HECKC ☐☐☐☐☐

RTORICTSEIN ☐☐☐☐☐☐☐☐☐☐☐

LLTSA ☐☐☐☐☐

PAICHYSL ☐☐☐☐☐☐☐☐

ALWAYS LEAVE IT ALL ON THE FIELD

Solution on page 100

Page 55

WHOOPS!

```
F A I L U R E T O A D V A N C E L E
S P B C M P W V Z M P H P D X Z U N
G Y F Q Y A U W J K C E E U N O K O
O O D M R V N S A F R D I V V F E I
W A N D S S R B H S G N I P P I R T
R C I Y L S K W O P F N S P R T P A
L N K M O S J N O T L C S U E G A L
G W C Q I D A A G L R Y V L L J W O
Y M D M L L X Y W O B O N S E W O I
U D Y Q F Q O F S G Q F N L A G A V
X Z R O R H Y S N N B F I X S G O E
F X U B T K C I I G G S H J E T O S
X L T X P H L K H N C I U S Q Z K A
D U A R E L Q K C I G D H L A Y U E
C F C C A L G E U D C E E M I L K R
R Y K T C B D J Z L D S E X H S S C
W Y S I X C B K B O Y N G F P S I C
S G I D U U O O B H Q Q D J J G R G
```

FAILURE TO ADVANCE
OFFSIDES
SLASH
TRIPPING
STALLING
PERSONAL FOUL

HOLDING
PUSH
WARDING
RELEASE
CROSS CHECK
CREASE VIOLATION

Can You Turn These Into Lacrosse Emojis?

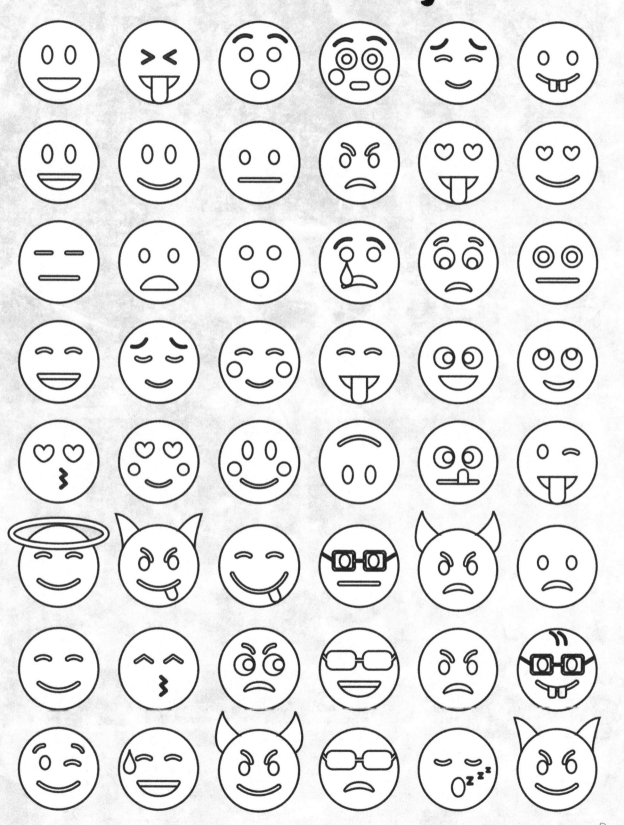

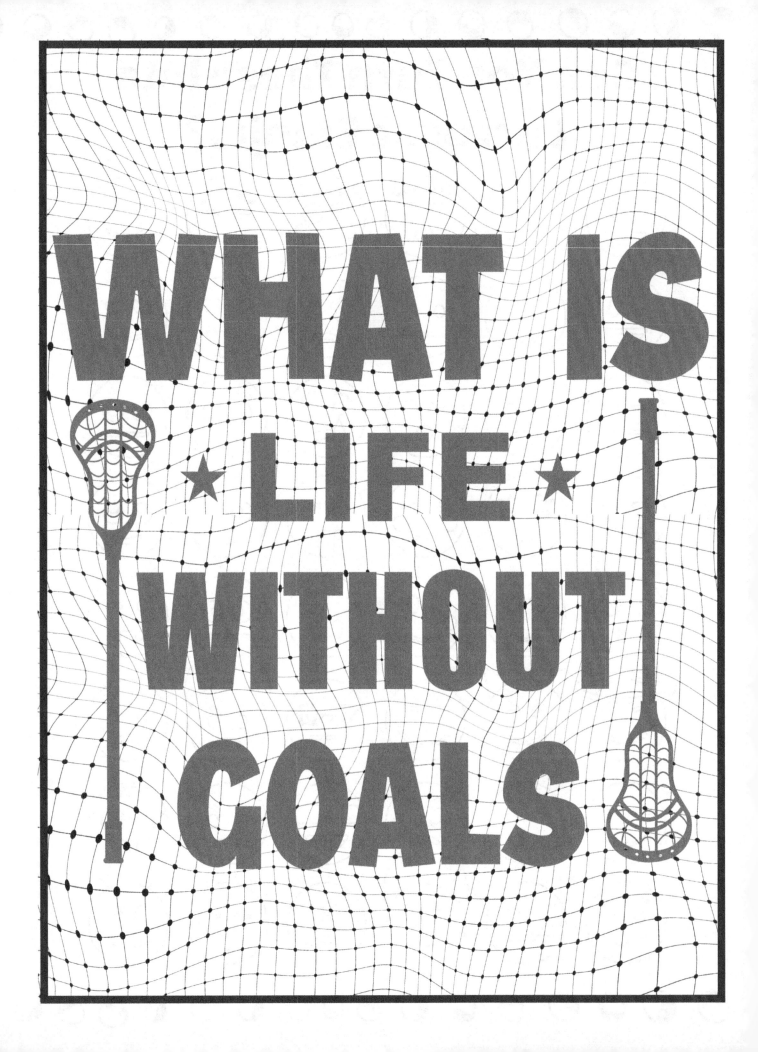

Lacrosse Wordoku 8

Difficult

	L				
E	D			R	C
R		C			A
	A			E	
	R				
L			R		

Word Used in Puzzle: CRADLE

THAT'S ILLEGAL

```
E A E C N E R E F R E T N I R X Y P
K M H S C L D V W T R I Z Y W L X B
I M H Y L Y U M G T X I K W Q R X V
L L K F E U W O E B H Z S V B A I F
N N Y V A S T L F R T S W I E K Q M
A R E T R E W N V L U N Q A Z I P Y
M J U E O A L K E N A D C F C C P D
S M D K R H P B M M P C E Q B P V H
T K O O I C S Q A Y P G I C Z L J T
R Z T U J L S P A S B I W N O H V P
O O G G T B K W A O A J U I H R U A
P Z T V X H A M D E X E W Q I C P J
S I L R U B G Y G A H K L T E H E D
N X G Z X G C U V B G C K E E K W T
U B P M P H J H A Y X A C S R C G W
G A S L E Y W U G R I D I S Y N P T
V F X C K O P U F Y D J T K U W O U
L F K E V D Q E J Y X S S D N B F N
```

BODY CHECK
MOUTHGUARD
EQUIPMENT
INTERFERENCE
CHEAP SHOT
NON RELEASABLE

SCREEN
STICK
UNSPORTSMANLIKE
CLEAR
TECHNICAL FOUL
PROCEDURE

The Game

ELDFI

PKECOT

SCTALKBIL

CCTAONT

GAIOLE

PNIASSG

GNLO OLEP

BNODUS

GBANDLLUROS

CNDIRLAG

RUNHOSGES

CTIHANCG

Lacrosse balls can't weigh less than 5.0 ounces or more than 5.25 ounces.

Faceoff Maze

What do magic and lacrosse have in common?

CRYPTOGRAMS

Puzzle #11

A	B	C	D	E	F	G	H	I	J	K	L	M	N	O	P	Q	R	S	T	U	V	W	X	Y	Z

_ _ A _
Z E N D

_ _ _ I
O N T I

_ _ A _
Z E N D

_ _ _ _ _
K G N T W

_ A _
N S I

_ _ A _
Z E N D

_ _ _ _ _ _ _
W J P X W O X T

Puzzle #12

A	B	C	D	E	F	G	H	I	J	K	L	M	N	O	P	Q	R	S	T	U	V	W	X	Y	Z

_ _ _ W _ _ _
H O S W E K F Z

_ _ _ _ _
W S Z O Q

_ _ _
H B O

_ _ _ _ _
U F O S W

_ W _ _
E K F Z

Page 64

Solution on page 100

Spot 8 differences!

Solution on page 101

Page 65

Tic-Tac-Toe

CHECKS, PASSES AND SHOTS

```
W J M V G K B C J C V P Y F E T N F
N K A F X O R N E L O H E V I F N H
P E M B U M J M X L W Z Q D E Y F O
M S P N T D T S S A P Y D D U B X Y
E W C U N D E R H A N D P X D R B X
W E Y I J O I I K G Y B I O T R T G
O R W Q Y W X M P A L S H V N K T C
T I A S Z D H Q Y T X P F F H Q Z N
A I J P T D Z Q X O F G F A U G V S
G N V Y A I S A M B T W O L S Z A J
A P E F Z R C W Q W S G P R F P U K
G Q T F I L O K U W N I B M X K B E
P W O X Y A I U C O S D D Q E S O R
O H D J W H S R N H L C S E D F H T
K T J L W M V D R D E Z G K A N D T
E Z X Q O M U U Y M X C M M H R H G
Q D D F W W P N L D G I K Z C T M T
A K T N K H E W O R M B U R N E R Y
```

LIFT	POKE
SLAP	BUDDY PASS
STICK CHECK	SIDEARM
FIVE HOLE	OFF HIP
WORM BURNER	WRAPAROUND
UNDERHAND	BOUNCE

IT HAPPENS SOMETIMES

```
Z X B T G U A A E R P G T S P D P
D A U Q S N O O G V L Z E Q S R U W
S G H U Z F Q H K I K G V J L I C Z
P L A K M L H V T D W O U H Q D H N
H Y U R J D L Q I U A H F D L E E W
C U T O B Y W I T L C L F X J T A P
J G Z I F A X I K V Z L B X R H P N
E D B N C L G M S Y W A D C K E S Q
Z L A A H E D E A O T B B C P H Z
Q R O G L F P M G E X L S S L I O E
C L A H R L X I N O Q F A O G N T P
C C D K K M H E P V A P T N F E Q F
B L N J T C J U A Z P L Z M E X L
A B U V J V A K N Q Z L N Z U P I Y
R W N G F P T L I T C K J H N G W F
Z A B B E I U V B U Z C R I N L J H
O E B N P S C A N N O N N D J G W R
N E R B I N R Y S O N U B O H T D E
```

BALL HOG
BLACK HOLE
GOON SQUAD
PIPE CITY
CANNON
PENALTY KILL

BALL HUNT
CHEAP SHOT
RIDE THE PINE
GARBAGE GOAL
DIVE
FOUL

On and Off the Field!

Lacrosse Lingo Crossword

Across

[1] Area directly in front of the goal and crease line

[2] A hard, fast shot

[4] An assist

[6] Clock tracking time left for offensive team to shoot on goal

[10] Nickname for a lacrosse ball

[11] Hitting/pushing an opponent while both hands are on the stick

[12] Player with ball possession gets stick knocked out of their hands

[14] Player scores six goals in a game

[16] Top left and right corners of the cage

Down

[3] Short word for lacrosse

[5] Long throw by goalie from crease to offensive end

[7] Another word for the goal

[8] Nickname for a loose ball

[9] Celebration

[13] Shot that bounces off the turf

[15] The part of the crease in front of the goalie

PRE-GAME

```
J B I K M Z Z Q A O G D V P I K L O
O W F R V J N L Y U J L Z L G Y U N
Y K Y C O M M U N I C A T E C S L X
Z J S N F L Q I L H W S L H Q Q S O
G Y F X T Y V S K F L A X S I H S H
C X Y V Y N J V D I L L B T A K V X
I J V A A F R E N I A R T R N Z P X
J W U K L U M E I P Q T C E J Q E J
Y C A U Y P S G C A N O G T J J N H
L F Q E P B T Y O Y H L F C R K A J
K N Y Z U I X E G H S E W H O A L U
I H G D E G W D S M Y P X F S I T I
R T E R N W V N X L Y D U M T V Y N
T C T J I H F C S Q I O R M E J B L
L U A X L Q P X K Q U Q P A R H O T
F M R Y M I V J X C J U R P T A X V
D R T F R L O C K E R R O O M E W B
H K S D O N V N D P X F N C V C Z O
```

COMMUNICATE
ROSTER
SET PLAY
LOCKER ROOM
WARMUPS
STRETCH

LINEUP
STRATEGY
LINES
PENALTY BOX
TRAINER
HYDRATE

Lacrosse True/False #1
What's true and what isn't? Circle T OR F

T-F 1. Boys and girls teams each field ten players

T-F 2. Lacrosse rules are the same for boys and girls

T-F 3. Girls have a shallower pocket on their sticks than boys

T-F 4. A lacrosse game is divided into three periods

T-F 5. The crease is the circle in the middle of the midfield

T-F 6. The only job of a midfielder is to score goals

T-F 7. The goalie's stick has a bigger head than a defender's stick

T-F 8. The faceoff for a girls' team is called the draw

T-F 9. After a stopped shot the goalie sometimes clears the ball by throwing it up the field

T-F 10. After a missed shot that goes out of bounds The team of the player closest to where the ball goes out gets the ball back

T-F 11. Hitting an opponent on the arm is called a slash

T-F 12. Playing Man down means that someone got hurt

T-F 13. A goal doesn't count if the shooter was inside the crease

T-F 14. Offsides is when there are too many offensive or defensive players in one half of the field

ON THE FIELD

```
K N T S D I W M Q F H L H I L I L H
H I M G I D C I I Q M L M Y B D E W
G E F J T D Z F Y D E V O G Q E A A
V K D T P U E E R B U D G B T F C N
A J L I M S T L N I L X D P G E N Y
D I F J S U E O I C M L A V P N Q X
C P E T C T G T G N E Q T O E S A F
Y R X E P D R P P I E E D U P I Z A
B J X T Q D P I F L S S Y F Q V G T
E E H H D D R D B A A E F W O E F T
O L M T O V I I E U L Y W M J Z V A
Y P F N M M T R L L T T H F V O F C
D H X M I Y C F A L F E N T Q N F K
R A T C N B S D N W S A B H C E G Z
N E T A A U A L V U S R R E R S O O
K C I G T F W J N D T E A I J H L N
F T U E E G D P Y C H M I W Q M D E
V O X W U I Y S C V T T Q O S D W K
```

ATTACK ZONE
DEFENSIVE ZONE
DOMINATE
DRILLS
MIDFIELD
SIDELINES

CREASE
DISTRIBUTE
EXECUTE
SET PLAY
CAGE
ALLEY

Lacrosse True/False #2
What's true and what isn't? Circle T OR F

T-F 1. Lacrosse is the oldest team sport in North America.

T-F. 2. Lacrosse, played by the Iroquois. dates to 1100 A.D.

T-F 3. The early versions of lacrosse matches played by Native American nations included 100 to 1,000 men.

T-F 4. In the 1600s French missionaries saw indigenous people playing the game & named it "lacrosse" because the sticks looked like the bishop's cross.

T-F 5. The first women's game was. in Scotland in 1890.

T-F 6. The first American women's team formed in 1926 at a Baltimore secondary school.

T-F 7. Lacrosse has never been an Olympic sport.

T-F 8. Lacrosse was spiritually important to Native Americans who played to prepare for war and also socially.

T-F 9. Men's and women's lacrosse have the same rules.

T-F 10. Stick to stick contact isn't allowed in women's games.

T-F 11. Only offensive players or sticks can be in the crease.

T-F 12. Personal & technical fouls are both one minute and result in a man down situation.

T-F 13. The first U. S. intercollegiate men's game was played in 1877 between NYU and Manhattan College.

Solution on page 105

Draw what's in your lacrosse bag

Don't forget water bottles, candy wrappers, half eaten bagels and sports drinks!

LACROSSE TALK

```
K E W V C G X O F W R G A N F J Q K
M H P L S S E D J D G E M R S T A K
W M K C F O Y A G W I Z S Y B N A Q
R J D U G R T H L Q D M A S L K C E
K V I D T K I V P K T D E M O H N W
F W J S L A X E N Z Y C M M P O L D
U Q K X J Z L S N Y U Y E R T L M O
T T F P C Q O V A E O L D M E E D V
A C R A N K A T D G D C X L F T A O
U C L T T W M Y D Q C P A E H P R N
U K A W P K Y N P Q M S O Z L A Z P
P Q V D W E S C Z G D D C L D C I T
Y Q M Z Z R R E A R L I N D E C O D
E C J M X I D V A S Y E E P P X Y M
P M R N E V T Y V X Y H K U T S M T
X R F R B T J Z R R C D X T N J T P
R E X N G Y A T X G I F W L C T F E
W A D J J Q K O M A L P M I D D I E
```

GLE
D POLE
DIME
YARD SALE
MIDDIE
LAX

CRANK
DEUCES
EMO
RIP
HOLE
CHEDDAR

Shoot and Score

FRDASIE

HLANEDS

LFDETSIE

GGARBAE

COASRSBR

CDHAEDR

LSIOOE

PEIP

SDRISOHTE

TSWEITR

SEADRIM

UDENNARHD

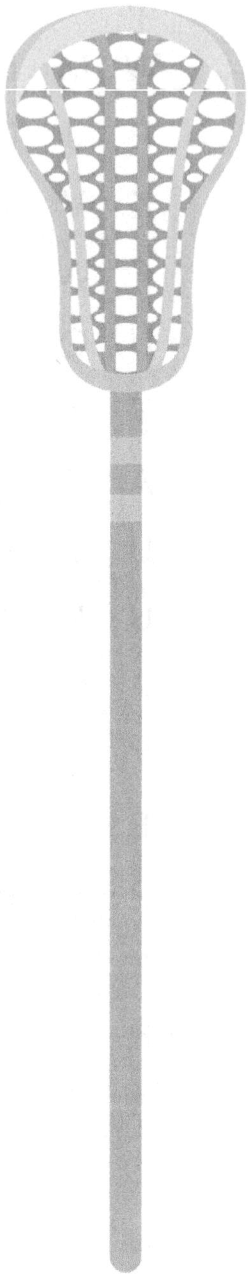

PLAY THE GAME

```
E R E H D A E I V S K O T J E Q U C
J G V P E N A L T Y T S K H Q B Q U
V F X C X N N J N B I C L J H O G I
F M Y F W Y B V G S S A G S B K N T
J Q T B A W A T S L E K S X P V U H
I D Q L X C B A H E B R T E Z G G X
H P D D E F E N S E I S B O F O R S
L L P V W I P O J I I C W T Q A D M
D C S D R S V L F L W E L A Z L Z Z
W L C M A N U P A F N F V A N I B R
S C O A C H N I H W V N W V V E O R
O Q R T K A C H O W O L D Y A Q C R
T Z E G R E T D O N X M D E R U S N
S R B L P A N T G G C E S E B U V P
P N M S Y A I W A M N K Q O A O X M
B Q D V M B D N S C G T Q F X C Q D
S C L H Z R Y T E V K K V O D M I I
F A B W L N J U P R J R X W L F L C
```

FACEOFF
SCORE
DEFENSE
PENALTY
COACH
MAN DOWN

GOALIE
ASSIST
ATTACK
SPECIALIST
TRAINER
MAN UP

The Defenseman's Path From Behind The Cage To The Bench

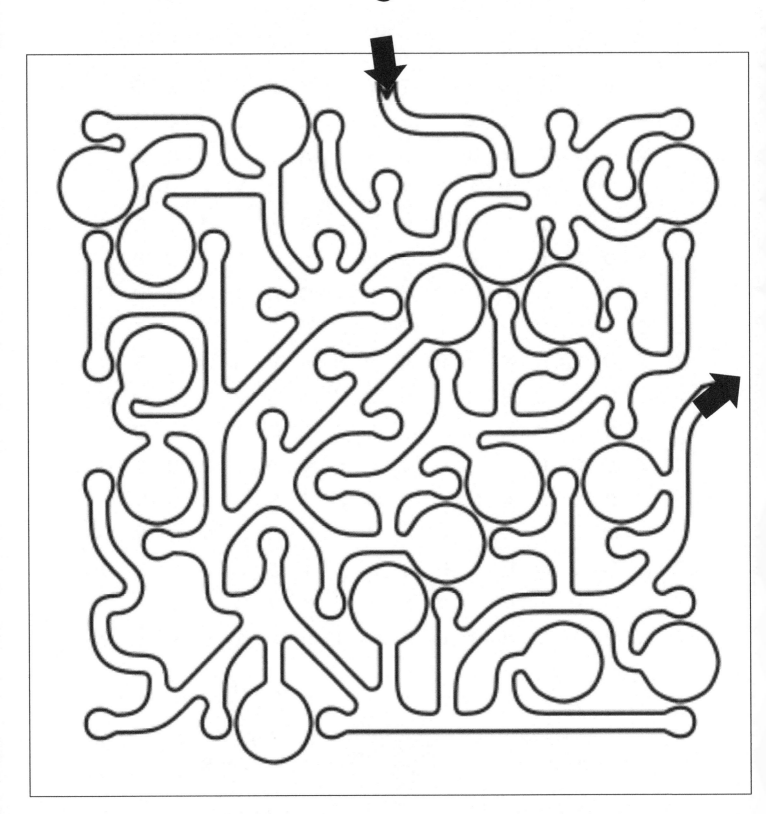

Palindromes

Palindromes are words that are spelled the same forward and backward. Can you figure out these palindromes?

A woman who usually drives to afterschool practices: _ _ _

A sidearm shot can be faster than a : _ _ _ _ _ _ _

Written records for the game: _ _ _ _ _

What you say for an awesome shot: _ _

What you use to see: _ _ _

A surface that is flat and even: _ _ _ _ _

Even more red: _ _ _ _ _ _

Game time is 12: _ _ _ _

A man who often helps you warm up: _ _ _

 # Sudoku

8				2			5	6
	6			9	3			
3		7	8		5	9		
4		3				6		9
		6		5	4	1		
1			6	3	7		2	
6	3					7		
5		1					6	
	8			7		5	3	4

THE GAME

```
J C B Y O G K I O N E Y V C E S P R
X L N F I E L D I T E R W Z R R X S
M Z T O U R N A M E N T H I H Q L H
Q P Q D J K W Y O V E R T I M E F O
B R P B B V G S E P U A T A J Q T
D I K L U C R B I T K U J D P R N C
T N J D Z X O E W K W J I V L D J L
L F C T Z F E A F P M T A I A D Y O
H Y D D E L L A C E O W N Q Y E Q C
W X O R R S W O O H R S O G O H W K
J M U W I M P K W Q V E S K F G O I
R N O H Q L K J T W I O E E F X O M
N I D I C Q L L T S K U M E S K R R
Z N F S G X E S J R C W C V S I M Q
S G I T X O B D W D A Z X A H I O S
D B O L I B N A L K C F H X C J B N
X O W E W G N Q N A L U U C I X I R
N M F U V F Z Q F Z C E P C O I U A
```

PLAYOFF
OVERTIME
WHISTLE
COACH
SHOT CLOCK
LLS

TOURNAMENT
BUZZER
REFEREE
FIELD
POSSESION
FLOW

SPRING AND SUMMER SPORTS

```
D J K C V F V U P V H O E S U K V D
L Q B Y Z E I O K A E Y I G N L T X
U B C E Y B I Q I S O B N L D A U V
G R A K A B R B I S W I M M I N G B
F F T E O C G W F B W V G C A F V F
R E B T H D H I D O A T Z M I I H W
L K B I V I S V R G N S E W J T M W
S T G X K X K G O I Q R E N Z Z J Z
U O K W W E W I V L D J R B N D K P
I S F N W I R I N N L E Z C A I K U
U L A T M G I A Q G C E U I F L S L
V L I I B U A Q C C I Y Y K Q I L Z
A D H Y L A O N O I C X K B F F R T
O X I H D I L S L R N L Q P A S G Q
W R Y V H U N L R R C G E B E L T M
Q Z N C I X X G D X Q H O A Q P L F
J Z Q P M N Q H C R D U P L O D P S
Q S Y D J X G Y P T E A S T F Y J R
```

BASEBALL   TENNIS
DIVING   SWIMMING
SOCCER   GOLF
BEACH VOLLEYBALL   ROWING
BIKE RACING   SOFTBALL
HIKING   SAILING

Cage To Cage

HAVE A SNACK

```
E R E E H W B M Z G V Y I N B X
A L A F C Q P R E T Z E L S H H
T C N N R E D H K E I E U W A L
K L O F C U N V O A U M F T M S
P Q S R K S I E Y T I L X B B I
R C O E K C S T R O D G T I U T
O H V N W C X D C G K O D M R U
K I Z C V K Z I E L Y Y G X G M
Y P R H Z K N X R E U D M N E U
A S P F S C J N E E L U R C R O
T H G R R Y K M A S P I X I X O
I D U I G D X B L Y O K U N N I
X Q A E I Y A D W X T D J Y Y K
J D B S L V Y E Y Q B V A A Z D
E B H L D C J K L Z E Z F N L J
W C H I C K E N F I N G E R S N
```

CEREAL
CHIPS
FRENCH FRIES
HAMBURGER
PRETZELS

CHICKEN FINGERS
ENERGY DRINK
FRUIT
HOT DOG
SODA

Solution on page 97

Page 87

Would You Rather???

Would you rather slide on turf and get turf burn or slide on a muddy field and get slathered in mud and goose poop?

Would you rather be a starting goaltender or play first-line attack?

After your game would you rather have a soft swirl cone or a popsicle?

Would you rather smell your sweaty lacrosse equipment that's been sitting in a bag or a week-old half eaten bagel with cream cheese that's turned green?

Girls Love Lax

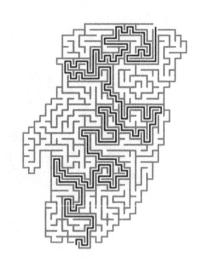
My Glove

On The Move

Goalie

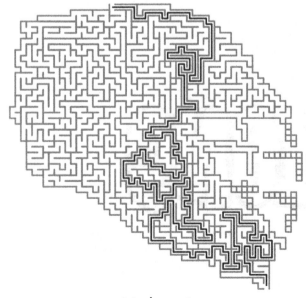
Helmet

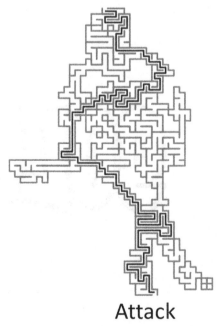
Attack

My Path To The Goal Maze

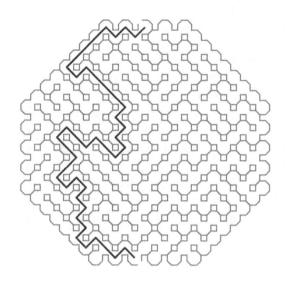

Man Up Maze

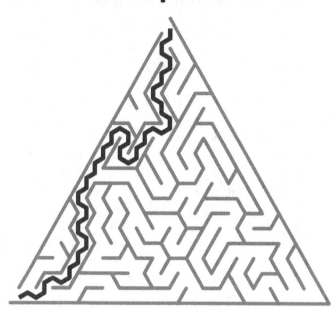

Answer to Riddle: Hat Tricks

Warm-Ups Maze

Faceoff Maze

Word Search Solutions

WHO IS ON THE FIELD (BOYS AND GIRLS) - Solution

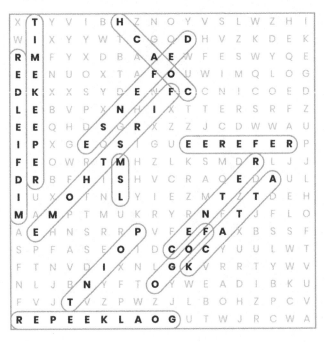

WHAT'S ON THE FIELD - Solution

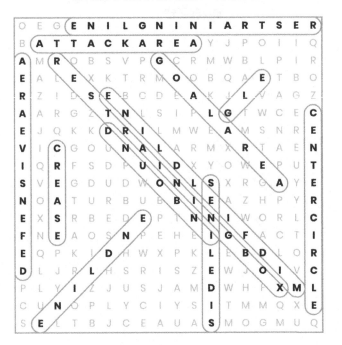

ON THE ATTACK - Solution

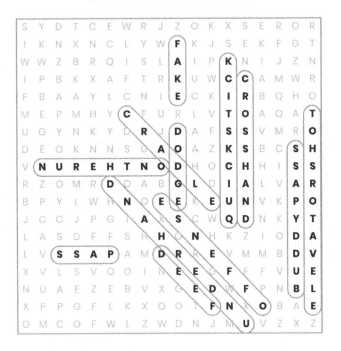

DEFENSE - Solution

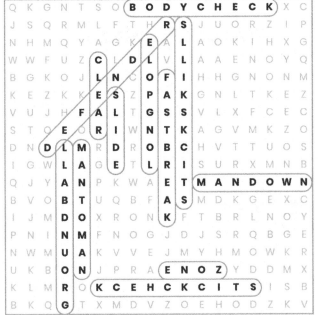

Word Search Solutions

GAME ESSENTIALS (BOYS AND GIRLS) - Solution

LACROSSE FUNDAMENTALS - Solution

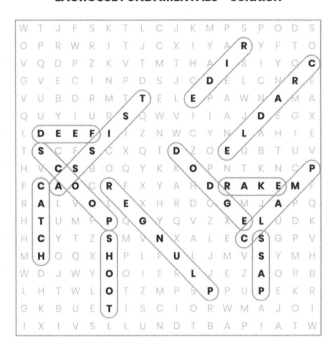

END OF SEASON - Solution

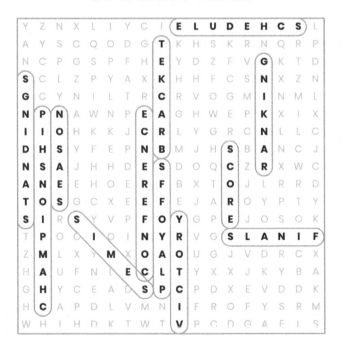

WHO WINS? - Solution

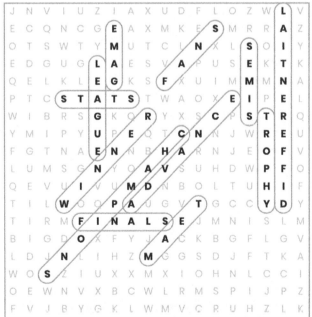

Page 93

Word Search Solutions

WHOOPS! - Solution

THAT'S ILLEGAL - Solution

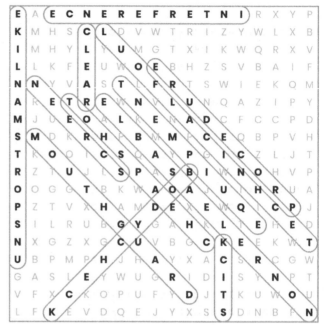

CHECKS, PASSES AND SHOTS - Solution

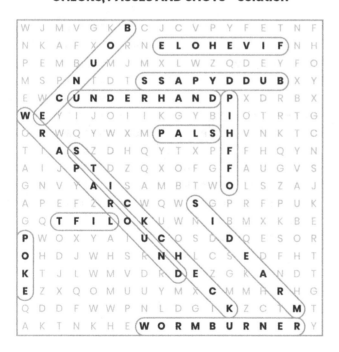

IT HAPPENS SOMETIMES - Solution

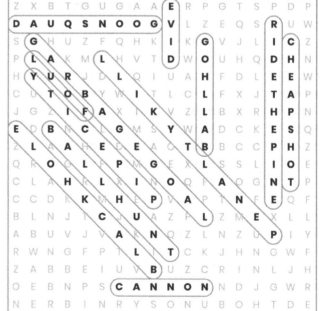

Word Search Solutions

PRE-GAME - Solution

ON THE FIELD - Solution

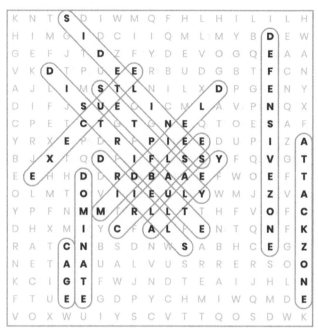

LACROSSE TALK - Solution

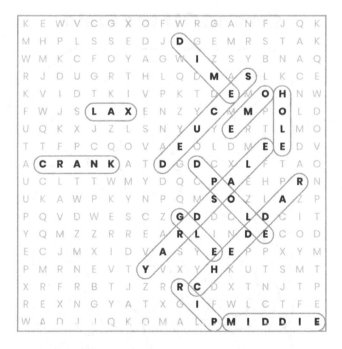

PLAY THE GAME - Solution

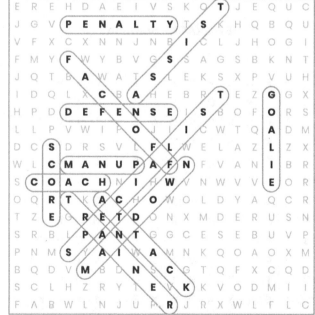

Word Search Solutions

THE GAME - Solution

SPRING AND SUMMER SPORTS - Solution

HAVE A SNACK - Solution

On and Off the Field

Word Scramble Solutions

Keep It Moving

Throw
Clear
Rake
Shoot
Possession
Cradle
Scoop
Weave
Dodge
Speed
Screen
Clamp

What You Need (Boys and Girls)

Crosse
Cleats
Mouthguard
Gloves
Pads
Jersey
Helmet
Headband
String
Protector
Water
Mesh

Work Together

Teamwork
Game
Skill
Fierce
Battle
Power
Players
Sportsmanship
Respect
Drills
Opposition
Chase

On The Field

Playoff
Tournament
Jamboree
Stadium
Turf
Shot Clock
Grass
Whistle
Cage
Quarter
Penalty
Contact

Word Scramble Solutions

Game Time

Outdoors
Physical
Demanding
Halftime
Regulation
Overtime
Rules
Timekeeper
Referee
Points
Score
Sport

What Players Need

Endurance
Protection
Team
Strength
Agility
Coordination
Running
Teammates
Coach
Equipment
Training
Practice

Advance

Victory
Score
Goals
League
Collegiate
Professional
Olympics
Winning
International
Youth
School
Draw

Penalties

Slash
Unsportsmanlike
Offsides
Conflict
Foul
Slashing
Tripping
Releasable
Personal
Technical
Holding
Illegal

Word Scramble Solutions

Play Hard

Lumber
Dislodge
Offensive
Defensive
Aggressive
Pick
Attack
Defense
Check
Restriction
Stall
Physical

The Game

Field
Pocket
Stickball
Contact
Goalie
Passing
Long Pole
Bounds
Groundballs
Cradling
Roughness
Catching

Shoot and Score

Farside
Handles
Leftside
Garbage
Crossbar
Cheddar
Loosie
Pipe
Shortside
Twister
Sidearm
Underhand

Cryptogram solutions

1. ALL OUT, ALL THE TIME.

2. COOL PEOPLE PLAY LACROSSE.

3. I'D RATHER BE PLAYING LACROSSE.

4. JUST RELAX.

5. LACROSSE IS A MIXTURE OF STRENGTH AND SKILLS.

6. LACROSSE IS MY SUPERPOWER.

7. LACROSSE IS THE FASTEST GAME ON TWO FEET.

8. LAX TO THE MAX.

9. LET'S TALK WITH STICKS.

10. PLAY HARD OR GO HOME.

11. PLAY HARD, PLAY SMART AND PLAY TOGETHER.

12. TEAMWORK MAKES THE DREAM WORK.

Spot The 8 Differences - Girls

Spot The 8 Differences - Boys

Snacks

Need Ice Cream

Let's Go

Diner

Page 101

Lacrosse Wordoku 1

T	H	M	E	L	E
E	E	L	T	M	H
L	T	E	H	E	M
E	M	H	L	T	E
M	E	T	E	H	L
H	L	E	M	E	T

HELMET

Lacrosse Wordoku 2

C	S	S	E	R	O
R	O	E	S	S	C
E	S	C	S	O	R
O	R	S	C	E	S
S	E	R	O	C	S
S	C	O	R	S	E

CROSSE

Lacrosse Wordoku 3

C	E	A	T	L	S
S	T	L	A	E	C
T	C	S	L	A	E
L	A	E	C	S	T
E	L	T	S	C	A
A	S	C	E	T	L

CLEATS

Lacrosse Wordoku 4

Y	S	E	E	R	J
J	R	E	S	E	Y
S	E	J	E	Y	R
R	E	Y	J	S	E
E	J	R	Y	E	S
E	Y	S	R	J	E

JERSEY

Lacrosse Wordoku 5

S	C	E	R	A	E
E	A	R	C	E	S
C	R	A	E	S	E
E	S	E	A	R	C
A	E	S	E	C	R
R	E	C	S	E	A

CREASE

Lacrosse Wordoku 6

O	I	G	A	L	E
E	A	L	G	I	O
I	G	O	L	E	A
A	L	E	O	G	I
G	E	A	I	O	L
L	O	I	E	A	G

GOALIE

Lacrosse Wordoku 7

E	U	D	E	S	C
E	C	S	D	E	U
S	E	U	C	D	E
D	E	C	S	U	E
U	S	E	E	C	D
C	D	E	U	E	S

DEUCES

Lacrosse Wordoku 8

C	L	R	A	D	E
E	D	A	L	R	C
R	E	C	D	L	A
D	A	L	C	E	R
A	R	D	E	C	L
L	C	E	R	A	D

CRADLE

Page 103

Lacrosse True/False 1

1. False – boys field 10 plyers and girls field 12
2. False – girls and boys have some different rules
3. True
4. False – that's hockey – lacrosse has four quarters
5. False – the crease is the circle surrounding the goal
6. False – midfielders both score and defend
7. True
8. True
9. True
10. True
11. True
12. False – it means someone is serving a penalty
13. True
14. True

Behind The Cage To The Bench

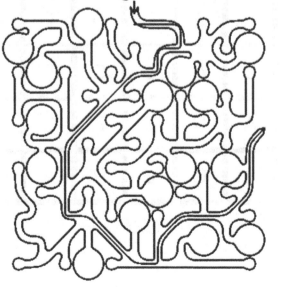

Lacrosse True/False 2

1. True
2. True
3. True
4. True
5. True
6. True
7. False – It was played at the 1904 & 1908 Olympics and as an exhibition in 1928, 1936 & 1948. In 2021 the IOC fully recognized lacrosse clearing the way for a possible Olympics in 2028.
8. True
9. False
10. False – women's game doesn't allow body contact but does allow stick to stick contact.
11. False
12. False
13. True

Lacrosse Lingo Crossword

- [1→] HOLE
- [2→] RIP
- [3↓] LAX
- [4→] APPLE
- [5↓] BOMB
- [6→] SHOTCLOCK
- [7↓] CAGE
- [8↓] LOOSIE
- [9↓] CELLY
- [10→] ROCK
- [11→] CROSSCHECK
- [12→] YARDSALE
- [13↓] BOUNCER
- [14→] SOCKTRICK
- [15↓] DOORSTEP
- [16→] TOPCHEDDAR

Palindromes

A woman who often drives to practices: **Mom**
A sidearm shot can be faster than a: **racecar**
Data records for the game: **stats**
What you say for an awesome shot: **wow**
What you use to see: **eye**
A surface that is flat and even: **level**
Even more red: **redder**
Game time is 12: **noon**
A man who often helps you warm up: **Dad**

Sudoku

8	4	9	7	2	1	3	5	6
2	6	5	4	9	3	8	1	7
3	1	7	8	6	5	9	4	2
4	5	3	2	1	8	6	7	9
7	2	6	9	5	4	1	8	3
1	9	8	6	3	7	4	2	5
6	3	4	5	8	2	7	9	1
5	7	1	3	4	9	2	6	8
9	8	2	1	7	6	5	3	4

Cage To Cage Solution

OTHER BOOKS FROM COPPER PENNY PUZZLES

https://amzn.to/38A18b6

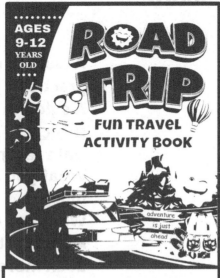

https://amzn.to/3twP1mL

https://amzn.to/3Qk5UdD

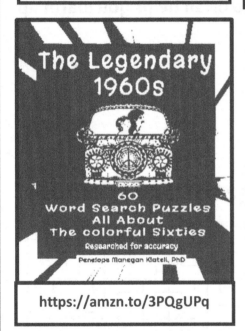

https://amzn.to/3PQgUPq

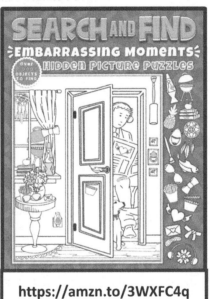

https://amzn.to/3WXFC4q

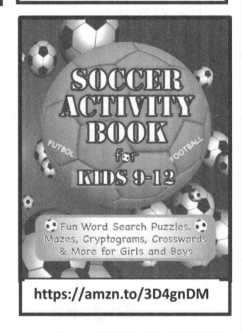

https://amzn.to/3D4gnDM

https://amzn.to/4OOPkYy

https://amzn.to/3DQPDHF

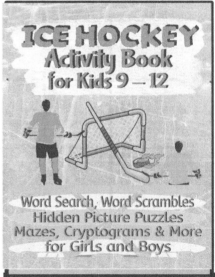

https://amzn.to/3FCLVDc

Made in the USA
Monee, IL
20 November 2024